AUX CONSTITUANTS

DE LA

RÉPUBLIQUE DÉMOCRATIQUE

SUR LEUR PROJET

DE

CONSTITUTION MONARCHIQUE.

Au lieu d'une monarchie entourée d'institutions républicaines, comme on nous promettait en 1830, on veut établir, en 1848, une république démocratique entourée d'institutions monarchiques. La France n'aura qu'un roi de moins, et un mensonge de plus. — (Page 24.)

PARIS,

CHEZ CHAUMEROT, PALAIS-NATIONAL,

1848.

Paris. — Imprimerie de L. MARTINET, rue Jacob, 30.

PETITE PRÉFACE.

Il y a un mois que j'écrivais les pages qu'on va lire; et, après les avoir écrites, je renonçai à leur publication, en me disant : C'est inutile! Nos Lycurgues veulent des mots et non des choses, une Constitution et non des institutions, des républicains et non des hommes libres.

Les débats amphigouriques, ouverts depuis trois semaines, n'ont fait que me confirmer dans cette opinion; et, pourtant, j'imprime et je publie. Pourquoi?

C'est que, au delà et au-dessus des délégués du souverain, il y a le souverain lui-même qui commence à apprécier, à leur juste valeur, les prétendus principes, les doctrines, les actes, les hommes, les coteries et les factions; et qui, de jour en jour, plus impatient du présent, cherche des éléments de liberté, de force et de sécurité pour l'avenir.

Aujourd'hui la liberté c'est l'état de siége, des tribunaux militaires et la presse garrottée. La force, c'est une armée campée au sein de Paris, et des canons braqués sous le péristyle même de l'Assemblée; et, conséquemment, la sécurité, c'est l'inquiétude du jour mêlée aux terreurs du lendemain. Et on appelle cela la République!

Vouloir une autre République et montrer comment elle doit s'organiser, c'est le devoir d'un citoyen; et, une fois encore, je m'efforce de remplir ce devoir.

Θ.

AUX CONSTITUANTS

DE LA

RÉPUBLIQUE DÉMOCRATIQUE

SUR LEUR PROJET

DE

CONSTITUTION MONARCHIQUE.

Nous avons enfin le projet de Constitution préparé, revu et corrigé par la Commission et par les délégués des bureaux de l'Assemblée nationale. En voyant les noms de la plupart des membres de cette Commission et des délégués, on devait espérer peu, et pourtant on devait attendre moins mal de leurs principes et de leurs antécédents. Après tant de révolutions contre les pouvoirs, et à cause des abus, des excès, de la corruption et de l'irresponsabilité de ces pouvoirs, les hommes qui avaient attaqué le plus violemment et le plus constamment ces abus, ces excès, cette corruption et cette irresponsabilité, semblent n'avoir été préoccupés que du soin de reconstituer ce pouvoir sur les mêmes bases, avec les mêmes dimensions et avec les mêmes moyens qui ont entraîné les pouvoirs précédents à l'arbitraire, aux exactions, à l'oppression, aux violences.... à la ruine.

Nous n'avons ni la volonté, ni le temps d'examiner, dans tous ses détails, ce projet informe, cette pernicieuse reproduction des sénatus-consultes impériaux et des chartes monarchiques, greffée sur une déclaration de principes que l'ignorance du rapporteur nous présente comme neufs, quand ils ne sont qu'une mutilation des principes proclamés en 1789. Nous devons nous borner à une seule question, celle de l'organisation despotique du pouvoir exécutif.

L'examen des comptes rendus annuellement par tous les ministres, depuis 1840, et imprimés pour être distribués aux chambres, à la fin de chaque session, peut seul nous donner une idée exacte de l'influence irrésistible que le droit de nommer à toutes les fonctions publiques met à la disposition du gouvernement. En 1846, le nombre des employés salariés nommés et révocables par les différents ministres ou leurs agents supérieurs, et le montant des traitements étaient comme suit :

A l'intérieur ,	117,000	employés, coûtant	127,600,000 fr.
Justice ,	15,000	—	27,800,000
Cultes,	40,000	—	40,500,000
Instruction,	27,000	—	18,700,000
Commerce ,	8,600	—	12,000,000
Travaux publics ,	7,200	—	15,200,000
Affaires étrangères ,	680	—	9,400,000
Guerre ,	22,500	—	28,900,000
Marine ,	7,100	—	11,400,000
Finances,	36,200	—	41,300,000
Douanes ,	31,400	—	36,000,000
Contributions indirectes et Tabacs,	15,000	—	20,700,000
Forêts ,	12,400	—	8,100,000
Enregistrement,	6,200	—	13,400,000
Postes ,	16,000	—	24,000,000
TOTAL ,	362,280	—	423,000,000

A ce total, il faut ajouter, pour bien concevoir toute l'influence exercée par le dernier gouvernement, 200,000 fonctions municipales et honorifiques conférées par les ministres, et environ 120,000 autres qui, sans être directement salariées, conféraient à ceux qui en recevaient le brevet un monopole lucratif. Dans cette classe se trouvent les notaires, les avoués, les huissiers, les agents de change, les commissaires-priseurs, les imprimeurs, les maîtres de pensions et d'écoles particulières, les maîtres de postes et une multitude d'autres états jusqu'aux débits de tabac. Nous arrivons ainsi à une armée administrative de près de 700,000 fonctionnaires qui, avec 450,000 soldats et une marine puissante, enchaînaient, épuisaient et écrasaient la France.

Il était naturel de croire que la révolution de Février, en renversant le gouvernement fondé en 1830 sur les institutions léguées par le despotisme impérial à la restauration, en restituant au peuple sa souveraineté, et en proclamant la République démocratique, avait anéanti à jamais un système liberticide qui met à la disposition d'un homme toutes les forces et toutes les ressources du pays. On devait le penser, en voyant porter à la tête du gouvernement provisoire le héros civique du 18 brumaire, la plus haute probité politique et privée des temps modernes, Dupont de l'Eure; et cet autre homme qui, objet de l'admiration de l'Europe savante, a depuis si longtemps appliqué à l'étude des lois sociales cette puissante intelligence qui nous a révélé les mystères des cieux et les lois de la nature. On devait surtout le penser, quand la tâche de méditer et de promulguer les institutions nouvelles fut confiée à une assemblée née du suffrage universel des citoyens, et qui, par conséquent, ne peut, sans ingratitude et sans inconsistance, disputer et ravir aux citoyens le droit de choisir les fonctionnaires de chacune des administrations, dont la conservation est jugée nécessaire. Le contraire arrive.

Le projet de Constitution est la restauration de l'omnipotence et de l'irresponsabilité administrative, telles qu'elles existaient sous Louis-Philippe et sous Charles X, et telles qu'elles ont été exercées, à l'étonnement de toute la France, par le gouvernement provisoire. La seule concession faite au peuple par un gouvernement et des représentants choisis par le peuple, c'est le droit de nommer 80,000 maires et adjoints, et encore réserve-t-on au chef du nouveau gouvernement, comme sous l'ancien, le droit de suspendre et de révoquer ces élus du peuple. C'est à cela qu'on a l'imprudence de vouloir réduire les conséquences de la victoire populaire; et, moins de quatre mois après la révolution de Février, on ose proposer comme Constitution de la République démocratique une et indivisible, le choix d'un président qui gouvernera et administrera par des ministres, avec 600,000 fonctionnaires de tous genres, nommés et révocables par lui; et qui, en outre, disposera de la force armée! Je n'hésite pas à le déclarer hautement, je regarde cette proposition ou comme un acte de démence ou comme un acte de lèse-majesté nationale. C'est la confiscation de la souveraineté du peuple, au profit de l'ambition et de la cupidité de quelques hommes, qui renouvelleront la scandaleuse, ruineuse et tyrannique exploitation du pays par la bassesse et la corruption.

Je dis que c'est la confiscation de la souveraineté du peuple; il faut, en peu de mots, prouver la vérité de cette assertion.

La souveraineté, c'est le droit de confectionner et de promulguer les lois, de les faire observer par tous les citoyens et d'en poursuivre et punir la violation.

Le souverain, que ce soit un autocrate ou un peuple, ne peut faire par lui-même tous les actes de la souveraineté. La délégation des pouvoirs a toujours été et sera toujours une nécessité pour le souverain; parce qu'il n'a, ni l'omni-science, ni l'omnipotence physique, ni l'ubiquité nécessaire, si c'est un seul homme; et, si c'est un peuple, parce qu'il n'a, ni ne peut avoir concert, instantanéité et simultanéité, soit pour la confection de la loi, soit pour sa mise à exécution. Le souverain choisit donc des législateurs pour confectionner les lois et des administrateurs pour les faire exécuter. Sans ce droit de choisir les législateurs et les administrateurs, il n'y a point de souveraineté.

Y a-t-il un seul homme, de quelque intelligence, qui ne regarde comme une absurdité la proposition suivante : « La souveraineté législative du peuple consiste à élire un homme qui fera la loi, ou la fera faire par des législateurs de son propre choix et sous sa propre direction? » N'est-il pas évident qu'un peuple qui abandonne ainsi, ou à qui on ravit le droit de choisir lui-même ses législateurs, cesse d'être souverain et passe sous le joug d'un maître? L'exemple de Napoléon est là pour éclairer la question, et montrer où conduit ce système. Il avait fini par nommer lui-même les électeurs, qui, ensuite,

nommaient un certain nombre de candidats au Corps législatif, parmi lesquels il faisait son choix. Le Corps législatif
fut servile, abject, pendant la prospérité de son maître, et
lui sacrifia la France ; aux jours de l'adversité, ces législateurs
furent arrogants et perfides, et sacrifièrent la France et lui à
d'autres maîtres.

Pourquoi ce qui est absurde, quant à l'exercice de la souveraineté législative, ne le serait-il pas quant à l'exercice de la
souveraineté exécutive ? Si un peuple perd la première quand
il perd le droit de choisir ses législateurs, ne perd-il pas la
seconde quand on le prive du droit de choisir ses administrateurs ?

Divisée dans son action, la souveraineté est une et indivisible dans son principe. Un peuple n'est pas souverain quoiqu'il ait la liberté ou qu'on lui concède le droit d'élire les exécu-
teurs des lois imposées par une volonté étrangère. On a vu des
peuples conquis jouir de cette liberté qui ne leur était laissée
que pour assurer leur servitude. De même il n'est pas souverain, quoiqu'il ait le droit de choisir ses organes législatifs,
si le choix des agents chargés de faire exécuter les lois est le
droit d'un autre.

Les lois doivent être exécutées dans le même esprit
qu'elles ont été établies. La division des pouvoirs ne doit pas
être à l'avenir, comme elle a été jusqu'ici, l'antagonisme des
pouvoirs. Dans la plupart des constitutions qu'a subies la
France depuis 1789, on ne trouve qu'une espèce de transaction entre deux partis et deux principes ; l'un possédant et
exerçant héréditairement, ou prétendant posséder et exercer,
à titre de délégation générale, la souveraineté de fait ; et l'autre,
le peuple, revendiquant, comme droit inaliénable, cette souveraineté dont on l'avait dépouillé ou dont on voulait le
dépouiller, tantôt au profit de la gloire, tantôt au profit de la
légitimité ou de la quasi-légitimité. Dans toutes ces transac-
tions successives, les possesseurs de la souveraineté de fait, et
ceux qui prétendaient à cette souveraineté, laissant au peuple
une part plus ou moins directe et plus ou moins grande de la
souveraineté législative, prirent soin de se conserver ou de

se faire abandonner la souveraineté exécutive; persuadés que, maîtres de celle-ci, ils se rendraient bientôt maîtres de l'autre. C'est ce qui est toujours arrivé, et c'est ce qui a produit nos révolutions.

Aujourd'hui il n'y a pas, comme aux autres époques, deux partis en présence pour se disputer la souveraineté. Le peuple est seul souverain de fait, comme il l'est de droit. Tous les pouvoirs lui appartiennent, et la division ainsi que la délégation de ces pouvoirs, qui doivent émaner de lui seul, n'étant ni une transaction, ni une concession, ce n'est pas dans le passé qu'il faut chercher le modèle ou les limites de la division ou de la délégation; mais dans la nature des choses, et dans le devoir de maintenir la souveraineté. Cette souveraineté ne peut être maintenue intacte par les moyens qui, jusqu'ici, l'ont constamment affaiblie, paralysée et anéantie. Elle est perdue quand, en présence d'un peuple, on place un président avec droit de disposer de trois cent soixante mille fonctions salariées, produisant 423 millions de francs; de nommer à cent mille autres fonctions non salariées par l'État, mais donnant à leurs titulaires le monopole de professions, produisant en masse un revenu de 230 millions de francs; de payer 75 millions de francs à cent mille retraités de toute classe; et enfin de disposer, en outre, d'une armée de quatre à cinq cent mille soldats, et de la marine. Mettre à la disposition d'un individu, ou de trois, ou de douze, quelque purs qu'il puissent être, onze cent cinquante mille individus, et un milliard et demi pour les salarier, ce n'est pas fonder la République, c'est établir la tyrannie.

Voilà pourtant ce que la majorité de la commission de Constitution présente à la sanction de l'Assemblée nationale, au mépris de tous les principes, de tous les droits et de tous les intérêts du peuple français! Bien plus, pour quelques uns des membres de la majorité c'est en défiance, et pour d'autres c'est en mépris et en haine de ce peuple qu'ils le dépouillent de ses droits et préparent une insolente et dégradante dictature. Ils proclament, comme le faisait la Restauration et la quasi-légitimité, qu'il faut gouverner pour le peuple et non par le peuple. Autrefois, et jusqu'au 24 février, on écartait le peuple du gouvernement, parce que ce peuple était révolutionnaire, républicain, anarchique : et aujourd'hui, sous la République, on repousse la participation du peuple, on le dépouille de ses droits, parce que, dit-on, il en ferait un mauvais usage ; parce qu'il n'est pas républicain ; parce qu'il est réactionnaire ; et que tant que son éducation politique n'est pas faite, il y aurait danger, pour la République, à lui laisser exercer sa souveraineté. Voilà ce que me disent et ce que me répètent chaque jour des républicains de la veille, des hommes qui crient constamment à la réaction contre tous ceux que révoltent leurs actes, et qui, en même temps, remontent aux institutions de Napoléon, de Charles X et de Louis-Philippe pour y reprendre le gilet de force administratif, dans lequel ils veulent emmaillotter le souverain qu'ils ont proclamé !

Peut-on concevoir qu'après les déplorables journées de mai et de juin, où la République et la France ne furent sauvées que par l'héroïque patriotisme de l'immense majorité des citoyens, qui, d'une extrémité à l'autre du pays, sans ordres, et parfois au mépris des ordres des autorités gouvernementales, se sont levés comme un seul homme, ont saisi leurs armes, et se sont élancés vers la capitale, pour y défendre l'assemblée dont ils attendent, en vain je pense, l'ordre social et politique qui doit consolider tous leurs droits, conçoit-on, dis-je, qu'après ces journées, où le peuple prodigua son sang, des commissions viennent lui dire, l'une : « Tu n'auras aucune part à l'organisation judiciaire ; tu n'auras pas la nomination même de tes juges de paix ; » et l'autre : « Tu n'auras même pas la nomination des maires et des adjoints, dans les localités où la population est de six mille habitants et au-dessus. » Ainsi, à la confiance et au dévouement de ceux-là même qui seuls accoururent au premier signal du danger, on répond par la défiance et la confiscation ! N'est-ce pas là une immoralité politique ?

Comment qualifier, sous un autre rapport, cette dernière mesure ? On s'est souvent plaint de l'ignorance des communes rurales et des conseils municipaux qu'elles élisaient, et cette

ignorance, réelle ou présumée, était, avec l'influence person-
nelle que certaines familles exerçaient ou pouvaient exercer
dans ces communes, le motif ou le prétexte de la Restauration et
du dernier gouvernement, pour se réserver la nomination des
maires et des adjoints. Aujourd'hui on veut bien ne pas regarder comme dangereuses cette ignorance et ces influences, dans
les petites localités, et on leur laisse le droit de choisir leurs
premiers magistrats; mais on le refuse aux grandes localités,
là où les populations, plus nombreuses, offrent aux choix
des citoyens plus d'éducation, plus d'intelligence, plus d'in-
dustrie, plus de fortunes acquises, un esprit d'ordre mieux
entendu, et des influences individuelles moins puissantes. Le
principe proclamé par le projet de Constitution, c'est que, plus
une localité offre de garanties d'intelligence, de probité et
d'indépendance pour le choix de ses magistrats, et moins elle
est digne du droit de les choisir. Voilà jusqu'où des commissions peuvent porter l'absurdité!

Le seul but de ces restrictions, de cette annulation des
droits des citoyens est, dans l'argot de nos prétendus hommes
d'État, des habiles de tous les régimes, de fortifier le pouvoir.
« Il faut un pouvoir fort, nous disent-ils; un pouvoir qui
puisse compter sur tous ses agents, pour la rapide transmis-
sion et la prompte exécution de ses ordres, et qui n'ait à en
craindre ni hésitations, ni entraves, ni désobéissance; pour
cela, il faut qu'il puisse les nommer et les révoquer tous. »
Cela nous a été dit et répété, depuis trente-cinq ans, par
l'abbé de Montesquiou, par M. Decazes, par M. de Villèle,
par M. de Polignac, par Casimir Périer, par M. Molé, par
M. Thiers et par M. Guizot. Chacun de ces hommes a, à son
tour, appliqué ce principe dans toute sa latitude. Qu'en est-il
advenu? Où l'exercice de ce pouvoir si fortement constitué
a-t-il conduit les maîtres et les valets? Comment, au milieu
des débris accumulés par la pratique opiniâtre de leur théo-
rie, de trônes anéantis et de dynasties exilées, osent-ils la
recommander à l'adoption de la France républicaine? Nous
laisserons-nous capter par cette version nouvelle de la fable
du Renard qui a perdu sa queue?

Ce qu'il importe de faire remarquer ici en passant, c'est l'étrange perversion de langage par laquelle on parvient à donner un semblant de justice et de logique à tout ce qu'il y a de plus illogique et de plus injuste. On commence par mettre à la place de mots clairs, intelligibles et adaptés aux choses, un mot vague et élastique, à la signification duquel on donne d'abord une grande extension, pour la réduire ensuite à une individualité. C'est en raisonnant, ou plutôt en déraisonnant ainsi, que Louis XIV disait : « l'État, c'est moi, » et que, de nos jours, les ministres ont prétendu que le pouvoir c'est eux. L'homme a une tendance naturelle à s'abuser ainsi, et à pousser son erreur jusqu'aux dernières conséquences. Quand il s'est persuadé, d'abord, que le pouvoir est à lui, puis que le pouvoir est lui, il veut se conserver, se fortifier, s'étendre. Il ne s'agit plus, pour lui, d'avoir des administrateurs éclairés, probes, patriotiques, il lui faut des agents, ou plutôt des instruments aveugles, peu scrupuleux et dévoués. Pour les avoir tels, il veut les choisir lui-même, et ne reconnaît d'autre titre à sa préférence que l'obéissance passive. De cette manière, sans doute, on peut arriver à fortifier le dépositaire du pouvoir, mais non le pouvoir lui-même. Au contraire, plus on fortifie par ces moyens les dépositaires du pouvoir, et plus on affaiblit le pouvoir, qui cesse d'être un être moral pour se personnifier dans un homme, et qui, au lieu d'être autorité nationale pour l'exécution des lois, et la protection des droits et des intérêts de tous, n'est plus que la volonté d'un seul qui se constitue seul interprète et régulateur des lois, des droits et des intérêts de tous. Le pouvoir alors prend nom, et, selon les circonstances et les temps, il s'appelle Decaze ou Polignac, Thiers ou Guizot. Le mépris et la haine que ce pouvoir suscite le forcent à les justifier et à les irriter par ses abus et ses excès. Ces abus et ces excès, il les considère comme des symboles de sa force, jusqu'au moment où, persuadé de sa toute-puissance, et voulant mettre un terme à toute résistance, il lève la main pour frapper le dernier coup, et tombe, en un instant, sous l'exécration populaire, abandonné, renié, accusé par les instruments mêmes qui faisaient sa prétendue force.

Pour tout homme qui a observé attentivement les événements des trente-cinq dernières années, il y a un fait bien établi, c'est que la véritable force du pouvoir exécutif consiste dans la considération, dans la confiance, dans l'affection que les agents de ce pouvoir inspirent à la masse de la nation. Les hommes mêmes qui s'intitulent gouvernementaux, ne contestent pas ce fait. Or, y a-t-il un meilleur moyen d'assurer aux localités des fonctionnaires qui remplissent ces conditions, que de laisser aux populations le choix de ces fonctionnaires? Un ministre prétendrait-il connaître, mieux que les habitants d'une ville, l'homme le plus digne de la première magistrature de leur cité; celui qui veillera avec le plus de soin à l'exécution des lois et au maintien des droits de tous; celui qui jouit au plus haut degré de l'estime et de l'attachement de ses concitoyens, et qui apportera ainsi au pouvoir administratif sa plus grande force réelle? Comment donc les législateurs ne s'aperçoivent-ils pas que refuser aux concitoyens le droit de nommer leurs administrateurs, c'est déclarer qu'on ne veut pas de fonctionnaires qui aient mérité et obtenu, par leur intelligence, leur caractère et leurs services, le respect, la confiance et l'attachement qui doivent environner les fonctions publiques, et qui seuls peuvent en faciliter l'exercice? Comment ne s'aperçoivent-ils pas que réserver au chef du pouvoir exécutif le privilége de nommer à toutes les fonctions publiques, c'est lui réserver le privilége de se mettre en opposition avec la majorité des citoyens, et d'organiser une administration impopulaire? Et voilà ce qu'on appelle fortifier le pouvoir!

Les champions de cet étrange moyen de fortifier le pouvoir nous disent : « Les citoyens peuvent faire des choix hostiles au gouvernement, et le salut du gouvernement exige qu'on ne leur laisse pas cette funeste faculté, qui peut conduire aux discordes civiles et à des révolutions. » Je réponds que depuis cinquante ans le gouvernement a pu faire, ou plutôt a presque constamment fait des choses hostiles aux droits et aux intérêts des citoyens, ce qui a provoqué des discordes et des révolutions. Pourquoi donc lui conserver cette faculté dont il a fait un si funeste usage, et la refuser aux citoyens, de crainte qu'ils ne fassent pas mieux, quoique avec la certitude qu'ils ne peuvent pas faire pis ?

Mais je nie que les citoyens d'un pays s'accordent jamais pour faire des choix hostiles à un gouvernement établi. Ce n'est pas aux gouvernements, c'est aux gouvernants que ces choix sont hostiles; et cette hostilité est toujours produite et justifiée par les méfaits de ces gouvernants, par l'abus et l'excès de leur autorité; en un mot, par les attentats des gouvernants contre le gouvernement. Le privilége exercé par ces gouvernants de nommer à toutes les fonctions publiques leur a fourni, dans tous les temps, des instruments dociles pour ces excès, pour ces abus et ces attentats, qui auraient été facilement prévenus ou réprimés, si les fonctionnaires avaient été élus par le peuple, et avaient été les hommes de choix du pays, au lieu d'être les créatures d'un homme ou de quelques hommes.

Qu'on parcoure toute l'histoire de la monarchie prétendue constitutionnelle depuis 1814 jusqu'en 1848, et on ne trouvera pas un seul exemple de résistance, de la part des fonctionnaires élus par le peuple, à l'exercice de l'autorité par les fonctionnaires nommés par les gouvernants, quand ces derniers fonctionnaires et leurs supérieurs avaient en leur faveur le droit, la justice et la légalité. Dans les conseils municipaux, dans les conseils d'arrondissements et dans les conseils généraux où la résistance s'est parfois manifestée, en dépit des manœuvres ministérielles, pour vicier la nature et l'organisation de ces conseils, toujours cette résistance était justifiée par la violation des droits, de la justice et de la légalité. C'est parce que cette résistance était trop faible, et parce que les gouvernants passés pouvaient la briser par la dissolution, que ces gouvernants ont pu graduellement établir leur omnipotence législative et administrative, leur souveraineté, sur les ruines de tous les droits, de tous les intérêts et de toutes les lois constitutionnelles, et ont réduit le peuple à la cruelle alternative de fléchir sous la servitude, ou de dissoudre le gouvernement par une révolution.

N'est-il pas incontestable que si, au lieu de ces fantômes de conseils, on n'avait eu dans tous les départements, dans toutes les administrations que des fonctionnaires élus par leurs concitoyens, la résistance aurait été invincible : que, dans la crainte de cette résistance, les gouvernants, les ministres, les législateurs eux-mêmes se seraient appliqués à moins considérer, dans leur législation, dans leurs ordonnances, dans leurs décisions et dans leurs actes, leurs propres intérêts et leur ambition, que les droits et les intérêts du peuple? La probabilité de la désobéissance à des ordres iniques ou abusifs, par des fonctionnaires indépendants, est le seul frein qui puisse arrêter les chefs d'un gouvernement dans leurs velléités d'arbitraire, que la soumission change en habitude, et que l'habitude fait bientôt regarder comme un droit suprême. Quand on aura des agents nationaux, au lieu d'une valetaille officielle, le ministère sera bien forcé d'être national, sous peine de n'être rien.

Mais, disent nos hommes gouvernementaux, « avec un pareil système, il n'y a plus d'ordre dans l'administration, et tout gouvernement est impossible. » Ces mots dits d'un ton sentencieux, et qui produisent tant d'effet sur l'ignorance, ne sont qu'une sottise. Sans doute, avec un pareil système, tout mauvais gouvernement est impossible, parce que les gouvernants n'ont pas sous la main des instruments aveugles et serviles, toujours prêts à exécuter et à faire exécuter indistinctement tous les ordres, bons ou mauvais, qu'on leur donne ; ce en quoi ils font consister ce qu'ils appellent l'*ordre* ; mais pour tous les hommes intelligents, pour tous les hommes d'expérience, qui savent fort bien que l'*ordre* n'a eu jusqu'à présent presque rien de commun avec les *ordres* ministériels, tout ce qui offre une chance contre une obéissance indifférente à tous les *ordres*, quels qu'ils soient ; tout ce qui promet une résistance à ces *ordres*, devient une garantie d'*ordre*, et un élément de force, comme un gage de sécurité, pour les bons gouvernements.

Un gouvernement qui repousse cet élément de force, ce gage de sécurité, accuse ses propres intentions. Il annonce sa défiance du souverain qu'il a proclamé, la résolution de soustraire ses actes au contrôle de ceux qui l'ont investi de l'autorité, la détermination de faire prévaloir sa volonté sur la volonté nationale, et de créer, dans la nation, un pouvoir indépendant du peuple et supérieur à celui du peuple. Quiconque annonce de telles intentions, se met en insurrection contre le principe constitutif de la République et dans le conflit qu'il engage, il faut que lui ou la République succombe.

Il est bien petit dans la nation, et même dans l'Assemblée, le nombre des hommes qui repoussent, en principe, le choix, par le peuple, de tous les fonctionnaires du gouvernement; mais ce nombre s'est augmenté à l'Assemblée, de manière à devenir la majorité, de tous ceux qui, disposés à adopter le principe, s'en laissent détourner par les prétendues difficultés de son application. On leur dit et ils répètent, parce qu'il y a quelque apparence de raison : « 1° Le peuple ne peut pas passer tout son temps à élire. Il ne quittera pas le travail qui le fait vivre pour aller aux élections. 2° La grande majorité du peuple n'a pas une connaissance suffisante des choses et des hommes pour qu'on lui abandonne le choix des fonctionnaires administratifs et judiciaires. » De là on conclut qu'il faut laisser au chef du gouvernement le privilége de nommer à toutes les fonctions publiques.

En admettant tout ce qu'il y a de vrai dans les deux assertions, on doit encore repousser la conséquence qu'on en tire, comme antilogique, autant qu'antirépublicaine. Des hommes, de bon sens et d'honnêteté politique, au lieu de trancher ainsi la difficulté, chercheraient à la résoudre ; ce qui n'est pas bien difficile, quant à la première objection surtout. Si une grande partie de la population ne peut perdre un jour de travail sans perdre le pain du jour, il ne s'ensuit pas qu'il n'y ait d'alternative pour elle que la perte de son pain ou la perte de son droit. Il s'ensuit seulement que l'exercice de ce droit doit être rendu si facile qu'il n'occasionne presque aucune perte de temps et aucune dépense. Ainsi, au lieu de faire courir les électeurs au chef-lieu du canton ou de l'arrondissement, ce que beaucoup n'ont pas le moyen de faire, n'est-il pas plus simple et plus rationnel de les faire voter dans la commune? Par ce moyen on sacrifie une heure au lieu d'une journée de travail; et on évite, en outre, les frais de déplacement. Si, aux élections générales d'avril et à celles de mai, on avait adopté ce mode, près des deux tiers des électeurs de la France n'auraient pas été forcés de renoncer à leur portion de souveraineté, et l'Assemblée actuelle n'en serait pas moins nationale. Si donc, après cette première épreuve, on persiste à maintenir l'élection aux chefs-lieux de canton, on prouve, par cela seul, qu'on ne veut pas du suffrage universel, et qu'on est décidé à priver la moitié la plus pauvre du peuple français de tout droit politique. Ce ne sont point des républicains, ce ne sont point des démocrates ceux qui ont établi et voudraient perpétuer ce système; ce sont des démagogues et des aspirants à la tyrannie.

La seconde objection, qui, à première vue, présente bien plus de difficultés, est pourtant d'une solution tout aussi facile. Il suffit de bien considérer les faits et de se dépouiller de tout intérêt personnel, pour en déduire les conséquences pratiques les plus propres à concilier la liberté, l'ordre et le pouvoir.

Les habitants des 38,000 communes de France, excepté dans les grandes villes, se connaissent les uns les autres. Dans toutes les communes, et même dans toutes les grandes villes, tous les habitants connaissent, sans en être connus, les hommes principaux, ceux que non seulement la fortune, mais surtout les talents, la probité, la bienfaisance, placent au premier rang de leurs concitoyens. Aucune autorité gouvernementale ne peut donner à ces communes et à ces villes des magistrats et des conseillers municipaux aussi recommandables que ceux que choisissent les habitants eux-mêmes, quand tous ont le droit de choisir, et quand le pouvoir n'entrave pas le libre exercice de ce droit.

Les habitants d'une commune ou d'une ville ne connaissent pas aussi bien les habitants d'une commune ou d'une ville voisine que ceux de la leur; et, à une certaine distance, ils ne se connaissent pas du tout, excepté peut-être les principaux d'entre eux, que les affaires ou une plus grande aisance mettent en rapport, et qui, par ces relations, acquièrent une certaine connaissance des hommes et des choses, les uns, de la plupart ou de toutes les communes du canton; les autres, des cantons de l'arrondissement; et, un certain nombre, de tout le département.

Il s'ensuit que, si tous les citoyens d'une commune sont les meilleurs juges des hommes et des choses de leur commune, il n'y a qu'un petit nombre d'entre eux qui puissent juger des hommes et des choses du canton, de l'arrondissement, du département, de la France. Remettre à tous le choix en masse de tous les fonctionnaires et de tous les représentants du département, c'est évidemment leur demander de juger sans comparer, de choisir sans préférer, de nommer sans connaître.

Mais leur incapacité n'est pas une raison pour livrer au chef du gouvernement le droit de nommer à toutes ces fonctions; c'est seulement une raison pour dire aux citoyens : « Choisissez parmi les hommes de votre localité que vous connaissez, des individus capables de faire pour vous tous les choix que vous ne pouvez pas faire vous-mêmes, et qni seront tenus, dans tous les cas, de prendre les fonctionnaires parmi les hommes que vous aurez déjà vous-mêmes honorés de vos suffrages. »

Nous avons, dans ces mots, la solution de la question. Les communes élisent leurs conseillers municipaux. Celui d'entre eux qui a obtenu le plus de suffrages est maire de droit ; ceux qui viennent ensuite sont adjoints. Les maires de toutes les communes du canton, ou en cas d'empêchement ou refus, l'adjoint, forment de droit le conseil cantonnal. Le conseil d'arrondissement est élu par les conseils municipaux, parmi les maires et les adjoints des cantons. Enfin, le conseil général du département est élu par les conseils communaux de chaque arrondissement, et choisi parmi les maires des communes.

Les conseils généraux et les conseils d'arrondissement nomment leurs présidents, qui remplaceront les préfets et les sous-préfets, dont la suppression est réclamée par toute la France, moins les titulaires actuels, et ceux qui veulent le devenir.

Les fonctionnaires, civils administratifs et judiciaires, seront élus à la majorité absolue, par les conseils municipaux des communes du canton, quand les fonctions sont circonscrites dans le canton; par les conseils municipaux de toutes les communes de l'arrondissement quand les fonctions sont exercées dans tout l'arrondissement, et enfin par les conseils municipaux de toutes les communes du département pour les fonctions qui embrassent tout le département.

Quant aux fonctions représentatives qui sont les plus hautes de toutes, il est important de les faire décerner par le suffrage universel des citoyens, votant dans leurs communes; et, pour assurer les meilleurs choix, il faut en revenir aux élections par arrondissements, au lieu d'élections par départements, dont le moindre défaut, comme nous venons de l'éprouver, est de faire prévaloir souvent une majorité factice sur une majorité réelle.

La simplicité de ce système d'élection aux fonctions publiques et la facilité de son application ne peuvent pas être contestées. Mais ses adversaires intéressés, battus sur ce point, prennent sur le champ une autre position. Toujours à une objection réfutée succède une objection nouvelle. Comment, disent-ils, vos électeurs connaissent-ils les capacités administratives et judiciaires des candidats qui se présenteront? » On pourrait répondre, preuves en main, que les électeurs se montreraient aussi bons juges des capacités réelles qu'aucun chef de cabinet et qu'aucun ministre; et que, surtout, ils n'arriveraient pas à la connaissance et à la promotion de ces capacités, par les moyens qui ont si longtemps scandalisé et scandalisent encore le public. Mais rétorquer et incriminer ne prouve rien, et ne persuade personne. Nous voulons prouver et persuader.

Il ne tombe dans la pensée de personne qu'en défendant le droit imprescriptible du peuple de nommer à toutes les fonctions publiques, on n'insiste pas pour que les nominations soient réglées par la spécialité des services et justifiées par l'aptitude à ces services. Le peuple lui-même ne pense pas que son droit soit tellement illimité, qu'il puisse, par exemple, nommer un paysan illettré contrôleur des contributions, ou un maître de danse à la place d'un juge qu'on instituerait chirurgien d'un hôpital. Des hommes gouvernementaux, des ministres ont fait et peuvent faire encore ces choix-là, mais le peuple jamais. Il demande, au contraire, toutes les garanties qui peuvent faciliter l'exercice de son droit et assurer l'excellence de ses choix. Il est facile de lui présenter ces garanties. Prenons pour exemple l'organisation judiciaire, qui pourrait avantageusement être réduite à un juge de paix et un suppléant par canton, un juge de première instance, un suppléant, un procureur public et un substitut par arrondissement : deux juges d'appel, deux suppléants, un procureur général et un substitut par département : — tous élus par les conseils municipaux des cantons, des arrondissements, et des départements. Pour avoir des choix excellents il suffit que la loi constitutionnelle dise aux électeurs :

« Nul ne pourra être élu juge de paix, ou suppléant, s'il n'est licencié en droit, et s'il n'a exercé, comme avocat, pendant quatre ans, près le tribunal de l'arrondissement, ou la cour d'appel du département.

» Nul ne pourra être élu juge ou juge suppléant, procureur public ou substitut d'un tribunal de première instance, s'il n'a exercé, pendant huit ans, comme avocat, près un tribunal de première instance du département, ou s'il n'a été six ans juge de paix.

» Nul ne pourra être élu juge ou suppléant, procureur général ou substitut de la cour d'appel départementale, s'il n'a été au moins cinq ans, juge ou juge-suppléant, procureur public ou substitut près le tribunal de première instance d'un arrondissement. »

Ces conditions d'éligibilité établies par la Constitution donnent, non seulement toutes les garanties désirables de la connaissance et de la pratique des lois, mais encore toute sécurité pour l'excellence des choix du peuple. Car ce n'est pas seulement le savoir comme jurisconsulte, ce sont aussi les qualités morales et sociales qui font le bon citoyen, que les candidats auront déployées pendant les années d'épreuve exigées pour arriver à la magistrature. Ce ne sera pas seulement le légiste, ce sera aussi l'honnête homme qu'on placera sur le siége judiciaire ; tandis que jusqu'à présent, à très peu d'exceptions près, ce n'a été ni l'un ni l'autre.

L'inamovibilité est le complément nécessaire de notre système d'élection à ces fonctions publiques ; car, après avoir pris toutes les précautions pour fonder ce qui est bien, il faut garantir sa conservation.

Avec tant soit peu de bonne volonté, il serait facile d'établir, pour toutes les branches du service public, des conditions d'éligibilité analogues à celles que nous avons indiquées pour l'administration de la justice ; et ces conditions, indispensables pour éclairer les choix des électeurs, et établir les titres des candidats, ne seraient pas violées par une assemblée électorale, comme elles l'ont constamment été, et comme elles le sont encore, par un système de nomination qui livre les fonctions administratives à l'intrigue, à la vénalité, à la prostitution.

« Mais, dit-on encore, dès qu'on admet le principe de la souveraineté du peuple, et qu'on en déduit le droit, pour le peuple, de nommer à tous les emplois publics, imposer des conditions d'éligibilité, c'est restreindre le droit, c'est limiter, ou même détruire la souveraineté. »

Cette dernière objection mérite à peine une réponse, tant elle est ridicule. Détruit-on le droit qu'a une commune de choisir son secrétaire-greffier, ou son instituteur, en exigeant que les choix ne puissent tomber que sur des candidats qui sachent lire et écrire? Respecte-t-on moins le principe de la souveraineté en en réglant l'exercice qu'en le supprimant? Quoi! c'est par respect pour les droits du peuple que vous confisquez ces droits, plutôt que de les définir! J'ai, il y a longtemps, entendu et vu un homme dire à un autre : « Ce ne serait pas bien de te rogner ta part, » et puis prendre cette part tout entière. Mais ce n'était pas dans une Assemblée nationale, c'était aux Variétés ; c'est dans une farce, et non dans une constitution, qu'on peut introduire ce lazzi de Brunet.

De tout ce qui précède, il résulte :

1° Que la nomination à toutes les fonctions publiques est le droit et l'attribut essentiel, inaliénable et imprescriptible de la souveraineté;

2° Que, dans un pays où la souveraineté du peuple est proclamée comme principe fondamental des institutions, le peuple seul a le droit d'établir tous les pouvoirs, de conférer tous les emplois;

3° Que l'exercice de ce droit par le peuple peut seul garantir la conservation de toutes les libertés et l'établissement d'un gouvernement national, au lieu du despotisme administratif qui, depuis cinquante ans, a opprimé, pressuré, corrompu et asservi la France;

4° Que, loin d'affaiblir le pouvoir exécutif, l'exercice de ce droit par le peuple donne au pouvoir la seule force réelle, en l'environnant d'agents que l'estime, l'affection et la confiance de leurs concitoyens ont seules appelés aux fonctions publiques, et qui, dans l'exercice de leurs fonctions, ne sacrifieront pas leur devoir à leur ambition et à leur cupidité;

5° Que l'exercice de ce droit peut être rendu simple et facile, et que l'on peut établir des conditions d'éligibilité aux différentes fonctions, de manière à avoir une garantie que les suffrages libres du peuple se porteront sur la capacité et les services antérieurs, aussi bien que sur la probité et la moralité.

La première, la grande Assemblée constituante de la France, qui comprenait bien toutes les questions de la liberté et du droit, avait proclamé les principes que nous sommes obligés de défendre aujourd'hui, et les avait, en grande partie, introduits dans la loi constitutionnelle de la monarchie française, comme une barrière contre les usurpations du pouvoir royal ou ministériel. Ils étaient intelligents, ils étaient patriotiques, ils étaient désintéressés les hommes de cette Assemblée. Envoyés pour fonder le règne de la liberté, ils ne se préoccupaient pas de l'idée de fortifier le pouvoir, dans l'espoir, avec l'intention, peut-être, de le saisir et de l'exercer bientôt dans toute sa plénitude. C'était le peuple qu'ils se sentaient le besoin de fortifier contre le prince, contre la cour, contre l'aristocratie, contre le clergé et contre eux-mêmes; et, malgré toutes les résistances, tous les obstacles, toutes les menaces et les dangers de tous genres, il ont noblement rempli leur mission, et, sous une royauté, ont jeté les bases d'un gouvernement pour le peuple et par le peuple.

En 1848, une nouvelle Assemblée constituante convoquée au nom de la République démocratique, et élue par le suffrage universel, enlèvera-t-elle au peuple les droits que reconnaissait l'acte constitutionnel de 1791? Après tant de révolutions faites par le peuple contre des pouvoirs oppresseurs et abhorrés, on propose à la nouvelle Assemblée le rétablissement, la réorganisation, d'après le même mode, de tous ces pouvoirs renversés. L'étiquette gouvernementale est changée, mais le gouvernement doit continuer d'être l'exploitation du pays par et pour les agents de l'administration. Au lieu d'une monarchie entourée d'institutions républicaines, comme on nous promettait en 1830, on veut constituer, en 1848, une République démocratique, entourée d'institutions monarchiques, et la France n'aura qu'un roi de moins et un mensonge de plus.